AF312953

L'HOPITAL

DES BRETONS

A

SAINT-JEAN D'ACRE AU XIIIe SIÈCLE

PAR

J. DELAVILLE LE ROULX

NANTES

SOCIÉTÉ DES BIBLIOPHILES BRETONS

ET DE L'HISTOIRE DE BRETAGNE

—

M.DCCC.LXXX

L'HOPITAL DES BRETONS
À SAINT-JEAN D'ACRE AU XIII° SIÈCLE

——

EXEMPLAIRE

DE

M. L. DELISLE, membre de l'Institut.

L'HOPITAL

DES BRETONS

À

SAINT-JEAN D'ACRE AU XIIIe SIÈCLE

PAR

J. DELAVILLE LE ROULX

NANTES

SOCIÉTÉ DES BIBLIOPHILES BRETONS

ET DE L'HISTOIRE DE BRETAGNE

—

M.DCCC.LXXX

L'HOPITAL DES BRETONS

A SAINT-JEAN D'ACRE AU XIIIe SIÈCLE

Au moment où le mouvement des Croisades entraînait l'Occident vers la Terre Sainte, les pèlerins venaient en grand nombre visiter les lieux que la présence du Sauveur avait sanctifiés; et, pour cette foule de pieux voyageurs, accourue de toutes les parties de l'Europe, chaque nation, presque chaque province, avait fondé des établissements destinés à donner l'hospitalité à ses compatriotes, à les soigner en cas de maladie, à protéger leur inexpérience contre les dangers de toutes sortes qui les environnaient dans ces contrées lointaines.

La Bretagne, comme les autres nations, eut son hôpital à Saint-Jean d'Acre, et elle le dut à une des plus grandes figures de l'épiscopat de la Terre Sainte, l'archevêque Gilles de Tyr, qui le fonda en 1254 de ses propres deniers, sous le vocable de saint Martin, pour les pauvres Bretons de la province de Tours. Il semble que le vénérable prélat, d'origine saumuroise [1], ait voulu, par cette fondation, réunir les pèlerins de l'Anjou, sa patrie, à ceux des provinces dont sa naissance le rendait le voisin, la Bretagne et la Touraine, dans un hôpital placé sous le patronage vénéré du grand archevêque de Tours.

Nous avons conservé plusieurs des actes

[1] Né à Saumur dans les premières années du XIII⁰ siècle, Gilles de Tyr professa, croit-on, le droit canon à Angers. Saint Louis se l'attacha dès 1241, l'emmena en Orient (1248), le fit nommer en 1249 archevêque de Damiette avec une riche dotation. Dépossédé quand Damiette fut perdue, il devint garde des sceaux avec 200 l. de pension, et en 1253 l'archevêché de Tyr, devenu vacant, lui fut conféré.

Le Saint-Siège vit en lui un de ses plus fidèles et de ses plus intelligents soutiens en Terre Sainte; en 1255, il fut chargé de diriger l'église de Jérusalem, en attendant la nomination du nouveau patriarche.

En 1263, envoyé en Occident pour surveiller la levée de l'impôt d'un centième mis sur les revenus ecclésiastiques pour la défense des lieux saints, il dut quitter la Palestine; il mourut en 1266 sans y être revenu. — V. C. Port, *Dict. de Maine-et-Loire*, III, 644-5; Posse, *Analecta Vaticana*, n°° 20, 116, 219, 237, 329, 652-3.

constitutifs de cet hôpital ; leur étude nous permettra de restituer quelques-uns des traits principaux de la fondation de Gilles de Tyr, trop peu connue jusqu'à ce jour.

L'emplacement qu'occupait l'hôpital des Bretons est difficile à déterminer, malgré la connaissance que nous avons de la topographie d'Acre [1]. Nous savons qu'il était situé dans une censive de l'hôpital Saint-Jean de Jérusalem, dans le « vicus Anglicorum », et que la maison dans lequel il s'établit fut achetée de Thomas le Cordier [2]. Mais la difficulté consiste à fixer la place de ce « vicus ». Acre possédant au moyen âge une porte des Anglais [3], il était naturel de chercher à le placer dans les environs de cette porte ; mais les plans qui nous ont été conservés ne laissent pas, dans cette partie de la ville, de quartier innommé auquel puisse s'appliquer cette dénomination, et qui soit voisin de la mer. Nous savons, en effet, que la maison de Thomas le Cordier, où fut installé l'hôpital des Bretons, était limitée à l'occident par la

---

[1] V. E. G. Rey, *Topographie d'Acre au XIIIᵉ siècle.* (*Mémoires des Antiquaires de France*, 1878, p. 115.)
[2] V. Pièces justificatives, nᵒ 1.
[3] Près de l'extrémité orientale de la ville.

mer [1]. Si nous considérons qu'elle était située
dans la censive de l'hôpital Saint-Jean, et par
conséquent peu éloignée de ce dernier, et
qu'en outre elle était bornée par un chemin à
l'est, nous sommes amené à la placer, d'après
le plan reproduit par M. Rey, dans le quartier
appelé *Boverel,* ou dans celui qui comprenait
la maison des *Frères Prêcheurs,* c'est-à-dire
entre la mer et les bâtiments de l'hôpital Saint-
Jean.

La fondation de l'hôpital fut autorisée par
Eudes, légat du pape, évêque de Tusculum,
à la requête de Gilles de Tyr, le 29 août 1254, et
confirmée par Alexandre IV, le 5 mars 1256 [2].
Une maison fut achetée pour l'y installer et
affectée spécialement aux malades et infirmes
originaires de la province de Tours. Cette
maison ne devait pas être fort spacieuse;
elle fut payée 40 besants, c'est-à-dire 400
francs en poids, représentant aujourd'hui
environ 8000 francs. On voit par là que le
début de l'hôpital fut modeste. Le Saint-

[1] V. Pièces justificatives, n° II.
[2] V. Pièces justificatives, n° I. — L'époque de la consécration
par Gilles comme archevêque de Tyr n'a été indiquée avec
précision ni par Ducange (*Familles d'Outremer,* p. 753), ni par
C. Port (*Dict. de Maine-et-Loire,* III, 644). Cet acte, combiné
avec la Pièce justificative n° II, nous permet de restreindre la
date entre le 29 août 1254 et le mois de juin 1255.

Siège autorisa l'érection d'une chapelle avec cloche sous le vocable de Saint-Martin, pour y célébrer les saints offices que les malades ne pouvaient entendre ailleurs, et permit d'affecter à l'entretien de l'hôpital les dons faits par les fidèles; l'établissement, d'ailleurs, restait soumis à la juridiction paroissiale et épiscopale[1].

En même temps, Alexandre IV, pour distinguer les Hospitaliers Bretons des autres ordres religieux, réglait leur costume, et, en souvenir de leur patron, leur donnait le droit de porter, sur leurs habits, l'image de saint Martin partageant son manteau avec un pauvre[2]. Cette faveur, et elle était grande, était due à l'autorité considérable dont jouissait Gilles de Tyr auprès du souverain pontife, comme un des prélats les plus remarquables de Terre Sainte et en même temps les plus estimés de saint Louis.

Ce n'était plus seulement autoriser une fondation pieuse, et la rattacher, par ceux qui devaient la desservir, à quelqu'un des ordres religieux et hospitaliers déjà existants, mais fonder un nouvel ordre hospitalier, ayant sa

[1] Pièces justificatives, n° I.
[2] Pièces justificatives, n° III.

vie propre, ses membres, son costume, ses règlements, au même titre que les Hospitaliers de Saint-Jean, les Templiers ou les Teutoniques.

Sous l'influence de son fondateur, l'hôpital des Bretons, toujours protégé par le Saint-Siège, vit s'aplanir les difficultés que ne manquèrent pas de susciter au nouvel établissement les autorités paroissiale et diocésaine. C'est ainsi qu'en 1258, Alexandre IV accorda aux Hospitaliers Bretons le droit de recevoir les sacrements dans la chapelle de l'hôpital et, en 1260, celui de choisir leur sépulture dans son cimetière[1]; l'année suivante, Urbain IV renouvela l'autorisation donnée par son prédécesseur et dont, probablement, il n'avait pas été enu compte tout d'abord[2].

Les indulgences que la visite de ce sanctuaire faisait gagner aux fidèles furent fixées à 4 ans et 40 jours, et ce chiffre, assez élevé, plaça la nouvelle fondation parmi les églises les plus favorisées d'Acre[3].

[1] Pièces justificatives, nᵒˢ IV et V.
[2] Pièces justificatives, nᵒ VIII.
[3] « Ce sont les pardouns de Acres : à seint Martin de Bretons IIII anz XL jours. » — (British Museum, Harl. 2253, f. 70). Nous devons l'obligeante communication de ce texte à M. le comte Riant. Il prendra place, sous le nᵒ XIII, dans le recueil des *Itinéraires français* que prépare la Société de l'Orient latin.

Le même sentiment dicta une bulle d'Urbain IV (1261), dans laquelle il enjoignait à l'archevêque de Nazareth de s'opposer à toutes les attaques dirigées contre les Hospitaliers Bretons, et de les protéger contre quiconque les molesterait ou porterait préjudice à leurs personnes ou à leurs biens[1].

Malgré la protection que l'autorité pontificale accorda au nouvel établissement, il ne semble pas que l'hôpital Saint-Martin des Bretons ait jamais eu des finances bien prospères. Cette fondation avait épuisé les ressources du fondateur; et, Gilles de Tyr ne pouvant ni la doter ni l'entretenir seul, il fallut qu'Urbain IV (1261) exhortât les fidèles des patriarchats de Jérusalem et d'Antioche à soutenir, par leurs aumônes, l'hôpital que l'affluence des malades et l'exiguité des revenus avaient réduit à la misère[2].

Il est permis de croire, quoique les documents nous manquent à partir de cette époque, que l'hôpital surmonta cette crise; mais, privé de son protecteur que la mort enleva en

[1] Pièces justificatives, n° VII.
[2] Pièces justificatives, n° V. — Gilles de Tyr avait déjà, avant de quitter l'Europe, abandonné à l'Hôtel-Dieu de Saumur tous ses biens-fonds et une rente de 40 s. (C. Port, *Dict. de Maine-et-Loire*, III, 644.)

1266 [1], il dut avoir de nouvelles luttes à subir, luttes d'autant plus pénibles que la position des chrétiens devenait de plus en plus précaire en Orient, jusqu'au moment où, avec la chute de Saint-Jean d'Acre, s'effondrèrent tous les établissements auxquels le mouvement des Croisades avait donné naissance et qui avaient trouvé à Acre un dernier asile (1290).

[1] Il mourut, le 24 avril 1266, à Dinant, en Belgique. Son corps fut rapporté et enterré à N.-D. de Nantillé, à Saumur ; son épitaphe nous a été conservée :

Hic : iacet : Egidivs : bone : memorie : Tyrensis
archiēps : legatvs : in : negocio : crvcis : qvi :
obiit : apvd : Dinantv̄ : in : Alemania : anno :
dn̄i : M° : CC° : LX : VI : nono : Kal. : maii.

Cette sépulture donna naissance à un différend entre l'abbaye de Saint-Florent de Saumur et l'église N.-D. de Nantillé (1267). Son tombeau fut exploré en 1613, et un procès-verbal fut imprimé, à cette occasion, le 2 janvier 1614 : « *Advis donné à Monsieur l'abbé de Bourgueil touchant la sépulture de Gilles, archevêque de Tyr.* » (Saumur, René Hernault et Pierre Godeau, 58 p.). Une nouvelle exploration eut lieu en 1699, et le tombeau fut détruit à la Révolution. La crosse épiscopale seule de Gilles de Tyr orne encore l'église de N.-D. de Nantillé : elle est en cuivre émaillé et champlevé. — V. Bibl. nat., fonds franç., 8229, f. 332 ; Ducange, *Familles d'Outremer*, p. 753 ; C. Port, *Dict. de Maine-et-Loire*, III, 484 et 644-5.

PIÈCES JUSTIFICATIVES

I

5 mars 1256.

ALEXANDER episcopus servus servorum Dei, venerabili fratri [Ægidio] archiepiscopo Tyrensi, salutem et apostolicam benedictionem.

Ex tenore tuæ petitionis accepimus quod, cum tu, divinæ retributionis obtentu, de propriis bonis tuis unum Hospitale in quadam domo civitatis Acconensis censuali Hospitali Sancti Johannis Jerosolymitani ad opus peregrinorum pauperum Britonum, trahentium originem de civitate ac provincia Turonensi, ad transmarinas partes venientium, de assensu magistri[1] et fratrum ipsius Hospitalis Sancti Johannis duxeris construendum, venerabilis frater

---

[1] Guillaume de Châteauneuf, grand-maître de l'ordre de l'Hôpital de 1251 à 1260.

noster episcopus Tusculanus, tunc in partibus illis
apostolicæ sedis legatus, auctoritate legationis suæ
statuit et concessit ut in dicta domo construatur
oratorium, et in honorem beati Martini confessoris erigatur altare, et campana in eo etiam ha-
beatur, ita quod oblationes provenientes ibidem
in subsidium dictorum pauperum ibi degentium
convertantur, parrochialis ecclesiæ in cæteris jure
salvo, prout in patentibus litteris ipsius episcopi
confectis exinde plenius continetur. Nos itaque,
tuis supplicationibus inclinati, quod super præmissis
factum est ratum et firmum habentes, id auctoritate
apostolica confirmamus, et præsentis scripti patro-
cinio communimus, tenorem litterarum ipsarum
de verbo ad verbum præsentibus inseri facientes, qui
talis est: « Odo, miseratione divina Tusculanus epis-
« copus, apostolicæ sedis legatus, universis præ-
« sentes litteras inspecturis, salutem in Domino
« sempiternam. — Justis petentium desideriis secun-
« dum Deum et justitiam annuere cupimus, et quæ
« a rationis tramite non discordant effectu prose-
« quente complere. Hinc est quod, cum venerabilis
« pater Aegydius, Dei gratia Tyrensis electus con-
« secratus, nobis humiliter supplicaverit et devote ut
« in quadam domo, sita in vico Anglicorum Acco-
« nensi, in censiva magistri et fratrum Sancti Johannis
« Jerosolymitani, quam dictus electus emit de novo
« a Thoma Cordario, pro quodam Hospitali ibidem
« faciendo, ad recipiendum pauperes peregrinos de
« Britannia et de civitate nec non diocesi et pro-
« vincia Turonensi oriundos, posset divina officia
« facere celebrari, facultatem concedere misericor-

« diter dignaremur. Nos, ipsius electi supplica-
« tionibus inclinati, attendentes etiam dignum esse
« ut, qui propter Christum sua domicilia dimiserunt,
« in infirmitate positi divinis officiis non priventur,
« auctoritate praesentium duximus indulgendum ut
« in dicta domo oratorium construatur, et altare
« erigatur in honore beati Martini, gloriosissimi
« confessoris, qui, licet adhuc ageret in militia pau-
« peri, suum divisit pallium tempore hyemali ; et
« ibidem quotidie missae et alia divina officia cele-
« brentur. Indulgemus etiam, auctoritate qua fun-
« gimur, ut piae fidelium oblationes ibidem in missis
« factae et aliae elemosynae, quae dictae domui fient
« imposterum, Domino annuente, in sustentationem
« pauperum ibidem decubantium convertantur ; et
« campana ad pulsandum in missis et horis debitis
« in dicto oratorio appendatur. Volumus tamen ut
« habitatores dictae domus nec non et officiantes
« dictum oratorium episcopo Acconensi, qui pro
« tempore fuerit, sint subjecti, et quod jus parochialis
« ecclesiae salvum sit in aliis, praeter quae in supe-
« rius annotatis. Nulli ergo omnino hominum liceat
« hanc paginam nostrae concessionis infringere vel ei
« ausu temerario contraire. Si quis autem hoc at-
« temptare praesumpserit, indignationem omnipo-
« tentis Dei et beatorum Petri et Pauli apostolorum
« ejus se noverit incursurum. — Datum Accon, anno
« Domini Mº CCº LIVº, IV kalendas septembris. »
Nulli ergo omnino hominum liceat hanc paginam
nostrae confirmationis infringere, vel ei ausu temerario contraire. Si quis autem hoc attemptare praesumpserit, indignationem omnipotentiae Dei et bea-

torum Petri et Pauli apostolorum ejus se noverit incursurum.

Datum Laterani, III nonas martii, pontificatus nostri anno secundo.

(Ex Reg. anni II Alex. pp. IV, epist. 232. — Arch. de Malte, div. VII, vol. 1130 [1]).

II

Juin 1255.

Egidius, miseratione divina Tyrensis archiepiscopus, licet indignus, universis presentes literas inspecturis, salutem in Domino sempiternam.

Noverit universitas vestra quod cum Thomas Cordarius in presentia venerabilis viri fratris Guillermi de Castronovo, magistri sancte domus Hospitalis Sancti Johannis Hierosolimitani, unam domum quam tenebat a domo predicti Hospitalis in vico Anglorum Accon, sub annuo censu duorum bisanciorum sarracenatorum reddendorum annuatim dicte domui Hospitalis in festo sancti Martini mense novembris, nobis vendiderit pretio quadringentorum bisanciorum pro faciendo uno Hospitali ad recipiendum et hospitandum pauperes. Item cum Joannes Brisebacin, in presentia predicti magistri, vendiderit nobis similiter quamdam aliam domum, sitam in

[1] Cette pièce, ainsi que le numéro III, a été transcrite d'après les registres originaux des archives du Vatican, au siècle dernier, par les soins de la chancellerie de l'Ordre de Malte dans des Bullaires contenant les privilèges que les souverains pontifes avaient concédés aux chevaliers de Saint-Jean.

predicto vico Anglorum, quam tenebat ab Hospitali
pre_icto sub censu trium bisantiorum sarracenatorum
reddendorum annuatim eidem Hospitali termino
supradicto; et volumus et concedimus quod qui-
cunque tenebunt domos predictas reddant pro am-
babus domibus censum predictum, scilicet quinque
bisantiorum et ultra antiquum censum predictum
alios tres bisantios, quos dicto censui de speciali
gratia duximus augmentandos. Et si forte contigerit
illos qui in dictis domibus morabuntur vendere vel
aliter alienare domos predictas, Hospitale Sancti
Johannis prefatum eas, si voluerit, poterit retinere
pro usu suo pro eodem pretio quod inde poterit in-
veniri, minus una marca argenti. Domus autem
predicte vendi vel aliter alienari poterunt omnibus,
exceptis hominibus religionis, clericis, militibus,
servis, vel etiam hominibus alicujus communitatis,
et si contingeret domos predictas dirui terræ motu,
igne consumi, vel aqua, vel quocumque alio modo,
dictum Hospitale non debet amittere censum octo
bisantiorum predictum, nisi forte in hoc dominium
contradiceret seculare. Domus autem predicte sibi
invicem sunt conjuncte et fines ipsarum sunt isti :
a parte orientis est via communis, a parte occidentis
mare, a parte meridiei predicta domus quam vendidit
nobis predictus Joannes Brisebacin contingit domum
condam Paumerii defuncti, a parte septentrionis predicta domus quam vendidit nobis dictus Thomas
Cordarius contingit quamdam domum propriam dicti
Hospitalis Sancti Johannis.

In cujus rei testimonium presentes literas bulle
nostre plumbee dedimus munimine roboratas.

Datum Accon, anno Domini M° CC° quinquagesimo quinto, mense junii.

(Sceau de plomb, aujourd'hui perdu. Lacs de soie rouge et blanche. — Ed. S. Pauli : Cod. Diplomatico, I, n° 220 [1]).

III

5 mai 1256.

Alexander, episcopus servus servorum Dei, dilectis filiis magistro et fratribus Hospitalis Beati Martini confessoris in Accon, salutem et apostolicam benedictionem.

Venerabilis frater noster [Ægidius], Tyrensis archiepiscopus, in multis, sed in eo præcipue se gratum Deo reddere dicitur quod vacare pietatis operibus delectatur. Sane idem, sicut accepimus, vestrum Hospitale pro recipiendis et fovendis in eo pauperibus Britonibus provinciæ Turonensis in Terræ sanctæ subsidium transfretantibus duxit de suis bonis propriis construendum. Cum itaque in suo et vestro geratur affectu quod, ad differentiam aliarum Religionum, vobis certus habitus deputetur, nos ejus et vestris supplicationibus benignius annuentes, ut imaginem beati Martini confessoris, pallium pauperis dividentis, super veste et habitu vestro, non obstante prohibitione cujusquam, In per-

* Cette pièce, tirée des archives de Malte où elle portait la cote : *Documents originaux, tome 5, diplôme 46,* a été perdue postérieurement à l'époque où S. Pauli a édité son *Codice Diplomatico* (2 vol. f°, Lucques 1733-7).

petuum deferre libere valeatis, vobis auctoritate
præsentium indulgemus. Nulli ergo omnino hominum liceat hanc paginam nostræ concessionis infringere, vel ei ausu temerario contraire. Si quis autem
hoc attemptare præsumpserit, indignationem omnipotentis Dei, et beatorum Petri et Pauli apostolorum
se noverit incursurum.

Datum Laterani, III non. Maii, pontificatus
nostri anno secundo.

*(Ex. Reg. anni II Alex. pp. IV, epist. 264.—
Arch. de Malte, div. VII, vol. 1130).*

IV

5 mars 1258 [1].

Alexander, episcopus servus servorum Dei, venerabili fratri archiepiscopo Tyrensis, alutem et apostolicam benedictionem.

Devotionis tue probata sinceritas meretur assidue
ut in hiis que digne desideras nos tibi benivolos
gaudeas invenisse. Cum itaque, sicut ex tenore tue
petitionis accepimus, hospitale Beati Martini confessoris Acconensis, de cujus bonis propriis cons-
truxeris, intuitu pietatis, ac infirmi, debiles et pauperes, quorum illuc frequens multitudo confluit, ex
indulto sedis apostolice, divina officia in hospitali
audiant memorato, nos indultum hujusmodi obtentu
tui qui propter hoc apostolicam gratiam implorari

___

[1] Cette pièce et les suivantes nous ont été communiquées par
M. U. Robert, employé au Département des manuscrits de la
Bibliothèque nationale.

fecisti ampliare volentes, ut infirmi, debiles et pauperes memorati de manu capellani ejusdem hospitalis,
sine prejudicio juris parrochialis, possint ecclesiastica
sacramenta recipere, dum modo excommunicati vel
nominatim interdicti vel publice usurarii non existant, tibi et eis auctoritate presentium indulgemus.
Nulli ergo omnino hominum liceat hanc paginam
nostre concessionis infringere vel ei ausu temerario
contraire. Si quis autem hoc attemptare presumpserit, indignationem omnipotentis Dei et beatorum
Petri et Pauli apostolorum ejus se noverit incursurum.

Datum Viterbii, III non. marcii, pontificatus nostri
anno quarto.

*(Bibl. nat., lat. 8992, pièce 27. — Copie con-
temporaine).*

V

7 mars 1260.

Alexander, episcopus servus servorum Dei, venerabili fratri archiepiscopo Tyrensi, salutem et apostolicam benedictionem.

Fidei tue puritas et devotio, quam ad nos et ro-
manam geris ecclesiam, promerentur ut tuis petitio-
nibus quantum cum Deo possumus favorabiliter
annuamus. Exhibata siquidem nobis tua petitio con-
tinebat quod, cum tu Hospitale Beati Martini confessoris Acconensis de consensu diocesani loci cons-
truxeris de bonis tuis, intuitu pietatis, ac infirmi,
debiles et pauperes, quorum illuc frequens conffluit
multitudo, ex indulto sedis apostolice divina officia

in ecclesia Hospitalis memorati audiant, nos olim indultum hujusmodi ampliare volentes quod infirmi, debiles et pauperes predicti de manu capellani ejusdem Hospitalis, sine prejudicio juris parrochialis ecclesie, possint ecclesiastica recipere sacramenta, dummodo excommunicati vel nominatim interdicti aut publice usurarii non existerent, tibi per nostras duximus litteras indulgendum. Nos itaque, volentes in hac parte tibi gratiam facere ampliorem, ut predictus capellanus infirmis, debilibus et pauperibus predictis possit sacramenta hujusmodi ministrare, et eorum corpora, cum decesserint, si ibidem elegerint sepulturam, sine juris ecclesie parrochialis prejudicio in cimiterio ipsius ecclesie Hospitalis ejusdem ecclesiastice tradere sepulture, dummodo excommunicati vel nominatim interdicti aut publice usurarii non existant, auctoritate tibi presentium indulgemus. Nulli ergo omnino hominum liceat hanc paginam nostre concessionis infringere vel ei ausu temerario contraire. Si quis autem hoc attemptare presumpserit, indignationem omnipotentis Dei et beatorum Petri et Pauli apostolorum ejus se noverit incursurum.

Datum Anagnie, non. marcii, pontificatus nostri anno sexto.

> *(Bibl. nat., lat. 8992, pièce 27. — Copie contemporaine).*

VI

27 novembre 1261.

Urbanus, episcopus servus servorum Dei, universis Christi fidelibus per Ierhosolimitanum et Antiochenum patriarchatus constitutis, salutem et apostolicam benedictionem.

Quum, ut ait apostolus, omnes stabimus ante tribunal Christi recepturi prout in corpore gessimus, sive bonum fuerit sive malum, oportet nos diem messionis extreme misericordie operibus prevenire, ac eternorum intuitu seminare in terris quod, reddente Domino, cum multiplicato fructu recolligere debeamus in cellis, firmam spem fiduciamque tenentes, quoniam qui parce seminat, parce et metet, et qui seminat in benedictionibus, de benedictionibus et metet vitam eternam. Cum igitur dilecti filii magister et fratres Hospitalis pauperum Britonum Sancti Martini Acconensis, quod venerabilis frater noster archiepiscopus Tyrensis de suis bonis propriis construi fecit, et intuitu pietatis, sicut accepimus, adeo tenues habeat facultates quod ex eis pauperibus et infirmis, quorum illuc frequens multitudo confluit, nequeant vite necessaria ministrari, universitatem vestram rogamus et hortamur in Domino, in remissionem vobis peccaminum injungentes quatinus de bonis vobis a Deo collatis pias eis elemosinas et grata caritatis subsidia erogetis, ut per subvencionem vestram eorum inopie consuletur, et vos per hec et alia bona que Domino inspirante feceritis ad eterne possitis felicitatis gaudia prevenire. Nos enim de omnipotentis Dei misericordia et beatorum Petri et Pauli apostolorum ejus auctoritate confisi, omnibus vere penitentibus et confessis, qui eis manum porrexerint caritatis, centum dies de injuncta sibi penitencia relaxamus, presentibus post quinquennium minime valituris, quas mitti per questuarios distinctius inhibemus, eas si secus actum fuerit carere viribus decernentes.

Datum Viterbii, V kal. decembris, pontificatus nostri anno primo.

> (*Bibl. nat., lat. 8992, pièce 27. — Copie contemporaine*).

VII

27 novembre 1261.

Urbanus, episcopus servus servorum Dei, venerabili fratri archiepiscopo Nazareno[1], salutem et apostolicam benedictionem.

Pium esse dinoscitur ut gloriantibus in malicia per nos taliter obsistatur quod, repressis eorum insultibus, vacantes divino cultui liberius possint in observantia mandatorum Domini delectari. Cum itaque dilecti filii magister et fratres Hospitalis pauperum Britonum Sancti Martini Acconensis a nonnullis, qui nomen Domini recipere in vacuum non formidantur, graves sub possessionibus et aliis bonis suis, sicut asseritur, jacturas et molestias patiantur, nos, eorum providere quieti et malignorum maliciis obviare volentes, fraternitati tue per apostolica scripta mandamus quatinus, eosdem magistrum et fratres pro divina et nostra reverentia favoris oportuni presidio prosequens, nón permittas eos contra indulta privilegiorum apostolice sedis ab aliquo indebite molestari,

[1] Henri fut archevêque de Nazareth de 1244 à 1268, d'après Ducange, *Familles d'Outremer*, p. 762.

molestatores hujusmodi per censuram ecclesiasticam appellatione postposita compescendo, presentibus post quinquennium minime valituris.

Datum Viterbii, V kal. decembris, pontificatus nostri anno primo.

(*Bibl. nat., lat. 8992, pièce 27. — Copie contemporaine*).

VIII

13 décembre 1261.

Urbanus IV, archiepiscopo Tyrensi.— Vide bullam Alexandri IV, sub n° V superius editam : « Fidei tue puritas. »

Datum Viterbii, id. decembris, pontificatus anno primo.

(*Bibl. nat., lat. 8992, pièce 27. — Copie contemporaine*).

9 782019 216993